coleção primeiros passos 203

Raquel Rolnik

O QUE É CIDADE

Copyright © by Raquel Rolnik, 1988
Nenhuma parte desta publicação pode ser gravada,
armazenada em sistemas eletrônicos. fotocopiada,
reproduzida por meios mecânicos ou outros quaisquer
sem autorização prévia do editor.

Primeira edição, 1988
4ª edição, 2012
2ª reimpressão, 2018

Diretoria Editorial: *Maria Teresa Lima*
Editor: *Max Welcman*
Revisão: *Maria de Lourdes Appas e Mario R. Q. Moraes*
Capa: *Samuel Ribeiro Júnior*
Diagramação: *Carlos Alexandre Miranda*
Atualização da Nova Ortografia: *Natália Chagas Máximo*

Dados Internacionais de Catalogação na Publicação (CIP)
(Câmara Brasileira do Livro, SP, Brasil)

Rolnik, Raquel
    O que é cidade / Raquel Rolnik. – São Paulo:
Brasiliense, 1995. - - (Coleção Primeiros Passos; 203)

4ª reimpr. da 1ª. ed. de 1988.
ISBN 85-11-01203-6

1. Cidade 2. Sociologia urbana I.Título. II.Série

95-0130   CDD-306.70

Índices para catálogo sistemático:
1. Cidades: Percepção ambiental: Sociologia 306.70

Editora Brasiliense Ltda.
Rua Antônio de Barros, 1720 – Tatuapé
CEP 03401-001 – São Paulo – SP
www.editorabrasiliense.com.br

SUMÁRIO

I - Introdução 7
II - Definindo a cidade 11
III - A cidade do capital..33
IV - Indicações para leitura...93
V - Sobre a autora 99

INTRODUÇÃO

Quando, no alto das montanhas de Machu Picchu, pisamos nas pedras da cidade, uma emoção forte se apodera de nós. Essa estranha sensação anuncia do deserto as sete portas da muralha de Jerusalém. Quem, do avião, vê São Paulo que se avizinha, perde a respiração ao perceber-se perto das centenas de torres de concreto e luzes da cidade. Que fenômeno é este capaz de se fazer sentir no corpo de quem dele se aproxima?

O viajante de muitos tempos e lugares reconhece em seu caminho os vestígios da proximidade com a cidade. Sobre montanhas, rios e pedras da natureza primeira se implanta uma segunda natureza, manufaturada, feita de milhares de pelas geométricas. Fruto da imaginação e trabalho articulado de muitos homens, a cidade é uma obra coletiva que desafia a natureza.

Ela nasce com o processo de sedentarização e seu aparecimento delimita uma nova relação homem/natureza: para fixar-se em um ponto para plantar é preciso garantir o domínio permanente de um território.

Imbricada, portanto, com a natureza mesma da cidade está a organização da vida social e consequentemente a necessidade de gestão da produção coletiva. Indissociável à existência material da cidade está sua existência política.

Desde sua origem, como local cerimonial, é na cidade também que se localizam os templos, onde moram os deuses capazes de garantir o domínio sobre o território e a possibilidade de gestão de vida coletiva.

Centro e expressão de domínio sobre um território, sede do poder e da administração, lugar da produção de mitos e símbolos – não estariam estas características ainda presentes nas metrópoles contemporâneas? Cidades da era eletrônica, não seriam suas torres brilhantes de vidro e metal os centros de decisão dos destinos do Estado, país ou planeta? Não seriam seus *outdoors*, vitrinas e telas de TV os templos dos novos deuses?

Certo, não há mais muralhas; ao contrário da cidade antiga, a metrópole contemporânea se estende ao infinito, não circunscreve nada senão sua potência devoradora de expansão e circulação. Ao contrário da cidade antiga, fechada e vigiada para defender-se de inimigos internos e externos, a cidade contemporânea se caracteriza pela velocidade da circulação. São fluxos de mercadorias, pessoas e capital em ritmo cada vez mais acelerado, rompendo barreiras, subjugando territórios.

De Babel a Brasília, como surgiu e se transformou a cidade? O próprio espaço urbano se encarrega de contar parte de sua história. A arquitetura, esta natureza fabricada, na perenidade de seus materiais tem esse dom de durar, permanecer, legar ao tempo os vestígios de sua existência. Por isso, além de continente das experiências humanas, a cidade é também um registro, uma escrita, materialização de sua própria história.

Ao escrever este livro não é nossa intenção apresentar uma sistematização da história da cidade, mas sim, tomando alguns exemplos de diferentes formas do fenômeno urbano, refletir a respeito de sua natureza, origem e transformação.

Na primeira parte do livro partimos em busca de uma definição de cidade. Usando referências a cidades bastante diferentes entre si, procuramos apontar para aquilo que é essencial e comum a todas elas.

A segunda parte do livro é dedicada à cidade capitalista – sua origem, movimentos internos, conflitos e contradições. Estaremos neste capítulo mais próximos das cidades conhecidas, que percorremos em nosso dia adia: a grande e explosiva cidade industrial ou a metrópole informatizada de um futuro presente.

Finalmente, breves indicações para leituras subsequentes fecham o livro sugerindo – esperamos – futuros voos.

DEFININDO A CIDADE

Quando, ao decidir escrever este livro, me perguntei o que é cidade, a primeira imagem que me veio à cabeça foi São Paulo, a metrópole que se perde de vista. Pensei na intensidade de São Paulo, feita do movimento incessante de gente e máquinas, do calor dos encontros, da violência dos conflitos. Milhares de habitantes. Milhões. Mas logo me ocorreu uma dúvida: não seriam esse ritmo e essa intensa concentração, para mim tão sinônimos de urbano, próprios apenas das metrópoles, as cidades que anunciam o século XXI?

Pensei então em outras cidades, de outros tempos e lugares – Babilônia, Roma, Jerusalém – cidades amuralhadas, de limites precisos, cujas portas permitiam ou bloqueavam o contacto com o mundo exterior. Pensei então na ironia de Wall Street, a rua do muro que limitava a cidade de Nova York, no século XVII, transformando se no centro do mercado financeiro internacional, símbolo de um mundo onde as cidades não têm fim. No início da história americana, quem se dirigia a Nova York deparava-se com seus portões. Hoje esta possibilidade não existe mais: não se está nunca diante da cidade, mas quase sempre dentro dela.

O espaço urbano deixou assim de se restringir a um conjunto denso e definido de edificações para significar, de maneira mais ampla, a predominância da cidade sobre o campo. Periferias, subúrbios, distritos industriais, estradas e vias expressas recobrem e absorvem zonas agrícolas num movimento incessante de urbanização. No limite, este movimento tende a devorar todo o espaço, transformando em urbana a sociedade como um todo.

Diante de fenômenos tão diferentes como as antigas cidades muradas e as gigantescas metrópoles contemporâneas, seria possível definir cidade?

Na busca de algum sinal que pudesse apontar uma característica essencial da cidade de qualquer tempo ou lugar, a imagem que me veio à cabeça foi a de um imã, um campo magnético que atrai, reúne e concentra os homens.

A cidade como um ímã

Isto mesmo, a cidade é antes de mais nada um ímã, antes mesmo se tomar local permanente de trabalho e moradia. Assim foram os primeiros embriões de cidade de que temos notícia, os zigurates, templos que apareceram nas planícies da Mesopotâmia em torno do terceiro milênio antes da era cristã.

A construção do local cerimonial corresponde a uma transformação na maneira de os homens ocuparem o espaço. Plantar o alimento, ao invés de coletá-lo ou caçá-la, implica definir o espaço vital de forma mais permanente. A garantia de domínio sobre este espaço está na apropriação material e ritual do território. E assim, os templos se somam a canteiros e obras de irrigação para constituir as primeiras marcas do desejo humano de modelar a natureza.

A técnica do tijolo cozido, material de que eram feitos os zigurates, possibilitava esta nova maneira de pensar o hábitat. Da justaposição dos materiais tal como eram encontrados na natureza, a arquitetura passava à livre composição de formas.

O tijolo, por ser uma unidade geométrica simples e padronizada, possível ser produzida em escala, permite enorme facilidade na realização física das formas imaginadas, possibilitando que o ambiente fabricado conforme os desígnios humanos.

O templo era o ímã que reunia o grupo. Sua edificação consolidava a aliança celebrada no cerimonial periódico ali realizado. Desse modo, a cidade dos deuses e dos mortos precede a cidade dos vivos, anunciando a sedentarização.

A Bíblia se refere a esta passagem na história quando nos relata a experiência da Torre de Babel: os descendentes de Noé, sobreviventes do dilúvio, decidem se fixar numa planície na terra de Sinear e ali, utilizando tijolos cozidos, edificar uma e uma torre "cujo topo chegue até aos céus". Quando iniciam o empreendimento, sobrevém o castigo: as línguas se ralham, as nações se dividem.

A vingança é a resposta divina ao desafio representado pela torre. Aquela maneira de construir possibilitava aos homens a realização de sua pretensão a criadores de uma outra natureza, artificial, a natureza primordial e unitária que era obra divina.

O empreendimento das novas construções implicava a existência de um trabalho organizado, o que por sua vez estabelecia a necessidade de alguma forma de normalização e regulação internas. Assim, os construtores de templos ao mesmo tempo em que fabricavam um hábitat sobre a natureza primeira, se organizavam enquanto organização política, lançando-se conjuntamente em um projeto de dominação da natureza.

No castigo divino, embaralhar as línguas era impossibilitar a comunicação entre os homens, fundamental para a existência de um trabalho organizado, e com isso inviabilizar a realização da obra coletiva.

Foi então que Babel, surgida para reunir os homens, impedindo que se espalhassem por toda a Terra, acabou por separá-los.

O mito de Babel expressa a luta do homem por seu espaço vital, no momento de sedentarização. O final da alegoria – a divisão irremediável dos homens em nações – aponta para a constituição cidade propriamente dita. Esta será a cidadela, em guerra permanente contra os inimigos, na defesa de seu território.

A cidade como escrita

Como vimos anteriormente, a grande construção feita de milhares de tijolos marca a constituição de uma nova relação homem/natureza, mediada pela primeira vez por uma estrutura racional e abstrata. É evidente o paralelismo que existe entre a possibilidade de empilhar tijolos, definindo formas geométricas, e agrupar letras, formando palavras para representar sons e ideias. Deste modo, construir cidades significa também uma forma de escrita. Na história, os dois fenômenos – escrita e cidade – ocorrem quase que simultaneamente, impulsionados pela necessidade de memorização, medida e gestão do trabalho coletivo.

A cidade, enquanto local permanente de moradia e trabalho, se implanta quando a produção gera um excedente, uma quantidade de produtos para além das necessidades de consumo imediato.

O excedente é, ao mesmo tempo, a possibilidade de existência da cidade – na medida em que seus moradores são consumidores e não produtores agrícolas – e seu resultado – na medida em que é a partir da cidade que a produção agrícola é impulsionada. Ali são concebidas e administradas as grandes obras de drenagem e irrigação que incrementam a produtividade da terra; ali se produzem as novas tecnologias do trabalho e da guerra. Enfim, é na cidade, e através da escrita, que se registra a acumulação de riquezas, de conhecimentos.

Na cidade-escrita, habitar ganha uma dimensão completamente nova, uma vez que se fixa em uma memória que, ao contrário da lembrança, não se dissipa com a morte. Não são somente os textos que a cidade produz e contém (documentos, ordens, inventários) que fixam esta memória, a própria arquitetura urbana cumpre também esse papel.

O desenho das ruas e das casas, das praças e dos templos, além de conter a experiência daqueles que os construíram, denota o seu mundo. É por isto que as formas e tipologias arquitetônicas, desde quando se definiram enquanto hábitat permanente, podem ser lidas e decifradas, como se lê e decifra um texto.

Isto fica claro quando percorremos alguns sítios históricos: quem vai, por exemplo, a Machu Picchu, ruína do império inca no Peru, lê um texto que fala do povo quíchua e de seu mundo. Ao mesmo tempo, o abandono e destruição da cidade revela a dominação daquele espaço pelos europeus, deixando de ser um espaço vivo para se transformar somente em traço da memória.

Em Salvador ou Ouro Preto, cidades ainda vivas, os símbolos e significados do passado se interceptam com os do presente, construindo uma rede de significados móveis. Sua decifração é, consequentemente, mais complexa. Assim, é bastante comum nas cidades brasileiras encontrarmos construções luxuosas, palacetes, que se transformaram em cortiços, casas de cômodos ou pensões. Costuma-se dizer que estes espaços se "deterioraram", ou seja, perderam seu significado de opulência e poder (palácio) para se tornarem símbolo de marginalidade ou pobreza. O casarão, desenhado, construído e habitado pelos ricos, fazia parte e contribuía para definir como "nobre" a zona onde se situava. Da mesma maneira o cortiço provoca a "decadência" do bairro, diminuindo seu valor de mercado e portanto afugentando tudo aquilo que se identifica como "elegante". A arquitetura da cidade é ao mesmo tempo continente e registro da vida social: quando os cortiçados transformam o palacete em maloca estão, ao mesmo tempo, ocupando e conferindo um novo significado para um território; estão escrevendo um novo texto. É como se a cidade fosse um imenso alfabeto, com o qual se montam e desmontam palavras e frases.

É esta dimensão que permite que o próprio espaço da cidade se encarregue de contar sua história. A consciência desta dimensão na arquitetura levou a que hoje se fale muito em preservação da memória coletiva, através da conservação de bens arquitetônicos, isto é, da não demolição de construções antigas. Trata-se de impedir que estes textos sejam apagados, mesmo que, muitas vezes, acabem por servir apenas à contemplação, morrendo assim para a cidade que pulsa viva, ao redor.

"Civitas": a cidade política.

Ao pensar a cidade como ímã, ou como escrita, não paramos de relembrar que construir e morar em cidades implica necessariamente viver de forma coletiva. Na cidade nunca se está só, mesmo que o próximo ser humano esteja para além da parede do apartamento vizinho ou num veículo no trânsito. O homem só no apartamento ou o indivíduo dentro do automóvel é um fragmento de um conjunto, parte de um coletivo.

Hoje, este conjunto se define como *massa*, aglomeração densa de indivíduos cujos movimentos e percursos são permanentemente dirigidos. Isto é bem claro, por exemplo, no movimento dos terminais de transporte, em horas de pico, ou na sarda de um jogo de futebol.

Na verdade esta regulação de fluxos está presente o tempo todo no cotidiano das cidades: são o semáforo e a faixa de pedestres, as entradas de serviço e social nas portarias dos edifícios, as filas de ônibus, os impostos urbanos etc. São regulamentos e organizações que estabelecem uma certa ordem na cidade definindo movimentos permitidos, bloqueando passagens proibidas.

O que é cidade 21

Mesmo quando não se trata de *massa*, quando falamos em cidades menores estão presentes a concentração, a aglomeração de indivíduos, e consequentemente a necessidade de gestão da vida coletiva. Esta questão se coloca até para a vida urbana mais simples e rudimentar: mesmo numa cidade perdida nos confins da história ou da geografia há pelo menos uma calçada ou praça que é de todos e não é de ninguém, há o lixo que não pode se acumular nas ruas nem pode ser simplesmente enterrado no jardim, há a igreja ou o templo a construir e manter, enfim há sempre na cidade uma dimensão pública de vida coletiva, a ser organizada. Da necessidade de organização da vida pública na cidade, emerge um poder urbano, autoridade político-administrativa encarregada de sua gestão. Sua primeira forma, na história da cidade, é a de um poder altamente centralizado e despótico: a realeza.

A base do poder do rei é a guerra. Através dela se conquista e se defende o território, através dela o monarca mantém seu poder, controlando seus súditos. A cidade da realeza é a cidadela: recinto murado e fortificado onde se encontram o palácio, o templo e o silo. É da cidadela que se dirigem os grandes trabalhos de construção, se contabilizam a produção e os tributos, se comanda a guerra. Sua manutenção provém do trabalho de todos os súditos – por isso quem é morador da cidade está ao mesmo tempo protegido e compelido por suas muralhas.

Na cidadela são os reis, sacerdotes, guerreiros e escribas que ocupam a posição central; ao seu redor estão os artesãos, empregados camponeses e escravos. A divisão do trabalho (administração do excedente alimentar, comando da guerra, diálogo com os deuses, produção artesanal, produção agrícola, etc.) produz e repõe uma hierarquia que se expressa claramente em termos espaciais. A suntuosidade do palácio ou do templo, ao mesmo tempo que é signo desta hierarquia, é também sua de ser. Sua construção e manutenção implicam o reforço de uma organização baseada na exploração e privilégio, que permite à classe dominante maximizar a transformação do excedente alimentar em poder militar e este em dominação política. A origem da cidade se confunde, portanto, com a origem do binômio diferenciação social/centralização do poder. Este se coloca tanto internamente (para os vários grupos ou classes sociais da cidade em questão) quanto externamente, na conquista e ordenação dos territórios sob seu poder.

A relação morador da cidade/poder urbano pode variar infinitamente em cada caso, mas o certo é que desde sua origem cidade significa, ao mesmo tempo, uma maneira de organizar o território e uma relação política. Assim, ser habitante de cidade significa participar de alguma forma da vida pública, mesmo que em muitos casos esta participação seja apenas a submissão a regras e regulamentos.

De todas as cidades é provavelmente a *polis*, cidade-estado grega, a que mais claramente expressa a dimensão política do urbano. Do ponto de vista territorial uma *polis* se divide em duas partes: a *acrópole*, colina fortificada e centro religioso, e a cidade baixa, que se desenvolve em torno da *ágora*, grande local aberto de reunião. No entanto, se perguntássemos a um grego da época clássica o que era *polis*, provavelmente esta não seria sua definição: para ele a *polis* não designava um lugar geográfico, mas uma prática política exercida pela comunidade de seus cidadãos.

Da mesma forma se refeririam os romanos à *civitas*, a cidade no sentido da participação dos cidadãos na vida pública. Se no caso da *polis* ou da *civitas* o conceito de cidade não se referia à dimensão espacial da cidade e sim à sua dimensão política, o conceito de cidadão não se refere ao morador da cidade, mas ao indivíduo que, por direito, pode participar da vida política. No caso das cidades-estados gregas a cidadania estava relacionada à propriedade de lotes agrícolas no território abarcado pela cidade. Assim, escravos, estrangeiros e mulheres, apesar de habitantes de cidade, não participavam das decisões a respeito de seu destino.

A *ágora* ou a *cidadela*, de maneiras diversas, marcam a centralidade do poder na cidade e sua visibilidade; marcam assim as regras do jogo do exercício da cidadania. A centralidade e separação do poder urbano aparecem redefinidas na *polis* grega. A *ágora* representa um poder que, retirado das mãos do rei único, isolado na cidadela, se reparte entre os aristocratas. Em termos territoriais a democratização deste poder aparece na grande praça onde os cidadãos participam diretamente (a *ágora*), centro do poder urbano que se separa do templo das divindades e se aproxima do mundo dos homens.

Poderíamos continuar apontando a centralidade do poder urbano no desenho de outras cidades: na regularidade da Plaza de Armas, centro da cidade colonial hispano-

-americana; na praça da Igreja das vilas medievais, nos palácios e monumentos da cidade barroca. No entanto, se pensarmos nas grandes metrópoles contemporâneas, seria possível ainda se falar em centralidade do poder? Los Angeles ou Tóquio, cidades sem centro, ou cidades multicentradas como Nova York ou São Paulo, onde não existe mais um lugar específico, identificado como sede do poder, seriam manifestações de um novo poder urbano, descentralizado?

Ao que parece estamos diante de um paradoxo: nestas metrópoles acentradas por excelência do ponto de vista espacial, nunca o poder urbano foi tão centralizado – a instantaneidade do computador e da imagem do vídeo permitem a existência de sistemas de controle organizados em estruturas fortemente centralizadas e hierarquizadas, sem que isso implique necessariamente concentração espacial.

Assim, tudo o que acontece na cidade – da produção e distribuição de mercadorias às biografias burocráticas dos cidadãos – pode ser registrado e controlado instantaneamente e à distância. Basta que, via satélite e com a velocidade do computador, as informações passem de um banco de dados a outro. Assim, o poder urbano, outrora fixado nas pedras do palácio, tornou-se menos visível, travestido em emissão eletrônica desprovida de dimensões espaciais. Por isto, mesmo na grande metrópole sem centro, podemos dizer que ser habitante da cidade é estar ao mesmo tempo protegido e reprimido por suas muralhas.

Até agora nos referimos à dimensão política da cidade como o exercício de dominação da autoridade político-administrativa sobre o conjunto dos moradores. No entanto, há uma luta cotidiana pela apropriação do espaço urbano que define também esta dimensão. Isto fica mais visível durante as grandes manifestações civis, quando o espaço público deixa de ser apenas cenário da circulação do dia adia para assumir o caráter de *civitas* por inteiro. Por exemplo, na campanha das Diretas-já, a Praça da Sé ou a Cinelândia se tornaram o grande símbolo do desejo de cidadania que tomava conta do país.

Na passeata, comício ou barricada a vontade dos cidadãos desafia o poder urbano através da apropriação simbólica do terreno público. Nestes momentos, assim como nas festas populares como o carnaval ou as festas religiosas, as muralhas invisíveis que regulam a cidade, mantendo cada coisa em seu lugar e comprimindo a multidão do diaadia, se salientam pela ausência. Quando o território da opressão vira cenário de festa, é a comunidade urbana que se manifesta como é: com suas divisões, hierarquias e conflitos, assim como com suas solidariedades e alianças.

Na hora do rito, isso vem à tona; mas no dia a dia tudo isso está presente, subjacente, nos gestos e palavras cotidianas dos habitantes da cidade.

A cidade como mercado

Falamos do poder de atração das cidades, de como a aglomeração urbana é também uma escrita e de sua dimensão política. Tudo isto se refere a um tipo de espaço que, ao concentrar e aglomerar as pessoas, intensifica as possibilidades de troca e colaboração entre os homens, potencializando sua capacidade produtiva. Isto ocorre através da divisão do trabalho. Isolado, cada indivíduo deve produzir tudo aquilo que necessita para sobreviver; quando há a possibilidade de obter parte dos produtos necessários à sobrevivência através da troca, configura-se a especialização do trabalho e instaura-se um mercado. A cidade, ao aglomerar num espaço limitado uma numerosa população, cria o mercado. E assim se estabelece não apenas a divisão de trabalho entre campo e cidade, a que já nos referimos, mas também uma especialização do trabalho no interior da cidade. Na cidade da antiguidade, o atendimento a mercados urbanos possibilitou a especialização dos ofícios e, consequentemente, o desenvolvimento das técnicas (metalurgia, cerâmica, vidraria, cutelaria, etc.). O tamanho destes mercados era dado pelas fronteiras, isto é, pela extensão do domínio territorial da cidade e pelos custos de transporte. Assim, em um primeiro momento, os mercados urbanos eram somente locais, restritos a uma cidade, e a dimensão mercantil da cidade era secundária em relação à sua dimensão política. Tal fato se evidencia na própria posição dos mercados e mercadores nas cidades da antiguidade – eram estrangeiros e ficavam fora dos muros, em acampamentos e feiras.

A expansão do caráter mercantil da cidade se dá quando se constitui uma divisão de trabalho entre cidades. Quando isto acontece, as atividades podem se especializar ainda mais na medida em que a produção suprir uma demanda muito mais ampla do que a do mercado

O que é cidade   29

local. A condição para que isto aconteça é que esta divisão de trabalho interurbana esteja politicamente unificada, ou seja, que o território alcançado pelo mercado esteja um poder único e centralizado. Na antiguidade, foi a junção de uma série de cidades antes autônomas em impérios que criou as condições para o florescimento de uma economia propriamente urbana. Entende-se aqui por economia urbana uma organização da produção baseada na de trabalho entre campo e cidade e entre diferentes cidades. Quando esta divisão do trabalho se estabelece, a cidade deixa de ser apenas a sede da classe dominante, onde o do campo é somente consumido para se inserir no circuito da produção propriamente dita. Desta maneira, o trabalho de transformação da natureza é iniciado no campo e completado na cidade, passando o camponês a ser consumidor produtos urbanos e estabelecendo-se então a troca entre cidade e campo.

O Império Romano é um grande exemplo desse processo. No território sob o jugo de Roma o comércio circulava livremente, as cidades estavam ligadas por uma rede de estradas, os portos proliferavam. Deste modo, cerâmica manufaturada na Itália foi encontrada no Sul da Rússia ou no Norte da África; caçarolas de bronze feitas em Capua apareceram na Escócia e Suécia, as sedas de Damasco chegavam à Espanha. Na cidade de Roma, o lugar do mercado ganharia então um espaço central: o *forum*. Se no interior da *ágora* ateniense era proibida a instalação de mercadores, marcando a separação entre a cidade política e a comercial, em Roma o *forum* é, ao mesmo tempo, *ágora, acrópole* e *mercado*, isto é, lugar da assembleia dos cidadãos, templo e troca. Na época de Júlio Cesar, o *Forum Romanum* era o centro da vida pública não só da cidade como de todo o império – ali se reuniam diariamente centenas de pessoas para fazer compras, cultuar os deuses, conversar, participar como atores ou espectadores dos negócios públicos ou processos privados.

Embora a presença do mercado seja marcante nas cidades romanas, ela não chega a ofuscar sua dimensão política. Hoje, a imagem de cidade como centro de produção e consumo domina totalmente a cena urbana. Nas cidades contemporâneas não há praticamente nenhum espaço que não seja investido pelo mercado (ou pela produção para o mercado). À nossa volta existe uma espécie de evidência fantástica do consumo, criada pela multiplicação dos objetos/

mercadoria, onipresentes no cotidiano da cidade– eles estão acumulados aos montes em nossas casas, expostos nas vitrinas que ocupam nossas ruas, exibidos pela publicidade nas centenas de mensagens diárias emitidas pelos meios de comunicação de massa.

Sem dúvida, é possível dizer que hoje o mercado domina a cidade. Esta configuração – cidade dominada pelo mercado – é própria das cidades capitalistas, que começaram a se formar na Europa Ocidental ao final da Idade Média.

É desta história, e das características da cidade capitalista; que falaremos, no próximo capítulo.

A CIDADE DO CAPITAL

"O ar da cidade liberta"

Como vimos no primeiro capitulo, é a partir de certo momento da história que as cidades passam a se organizar em função do mercado, gerando um tipo de estrutura urbana que não só opera uma reorganização do seu espaço interno, mas também redefine todo o espaço circundante, atraindo para a cidade grandes populações.

Embora este processo seja vivo e atual, vamos buscar na história das cidades europeias seus primeiros sinais. Em 1500 – enquanto portugueses e espanhóis singravam os mares na busca de novos territórios – em Nápoles, Florença ou Veneza se dizia "o ar da cidade liberta". Para estas cidades afluíam camponeses das províncias vizinhas, atraídos pelas "artes" de lã e da seda, pelas obras públicas da cidade, pelo serviço nas casas ricas, ou simplesmente por uma vaga de servidor ou mendigo. Esta possibilidade se coloca para os camponeses no momento em que a cidade, que até então existia para os interstícios de um mundo agrário, passa a dominar a cena. Isto significa também a passagem de uma economia baseada na produção de subsistência, onde se produz para o sustento dos próprios produtores, para uma economia mercantil, onde se comercializa o excedente.

No caso da Europa feudal, a subsistência servo era garantida por sua ligação à terra e ao senhor. O feudo era o domínio de um nobre e abarcava as terras senhoriais, florestas e as terras comunais, isto é, as terras que poderiam ser ocupadas pelos servos. Ali se produzia para as necessidades básicas da comunidade. O feudo era autônomo tanto do ponto de vista econômico quanto do ponto de vista político. O domínio de um senhor sobre suas terras e servos era absoluto, assim como, para a Igreja, é absoluto o domínio do Senhor sobre os homens.

A cidade, nesse contexto, assim como o feudo, é também uma unidade autônoma. Estruturada em torno da Igreja e suas instituições, ela vive para si mesma e para sua vizinhança muitas vezes constituído apenas pela própria extensão territorial de um feudo. Em suas ruas tortuosas se produzia algum artesanato, em suas praças se instalavam pequenos mercados ou feiras periódicas, em seus conventos e catedrais se celebrava o cristianismo triunfante.

A produção artesanal da cidade era controlada pelas corporações de ofício, uma espécie de liga de mestres artesãos, que dominavam os diversos ramos da produção – sapateiros, oleiros, ferreiros, etc. Assim como toda a rede que ligava senhores a servos e senhores entre si a estrutura da corporação era extremamente hierarquizada. Para se tornarem mestres os aprendizes passavam por um longo processo de formação. Em troca de casa, comida e proteção o aprendiz ia adquirindo, através da própria prática, as técnicas, os segredos, enfim a arte do ofício. O aprendiz vivia com seu mestre que, por sua vez, tinha sua oficina como extensão ou parte de sua própria casa.

O desenho das ruas e praças de um burgo – assim poderia ser chamada uma cidade medieval – não obedecia a qualquer traçado preestabelecido. Não havia, portanto uma prévia demarcação de lotes ou desenho de uma rua. Sendo comunal, a terra urbana era simplesmente ocupada pelos moradores, à medida que ali iam se instalando.

No trabalho dos construtores de cidades medievais, assim como na produção artesanal como um todo, era muito forte a presença da natureza. O alto da montanha ou a curva brusca de um rio funcionavam como arquitetura de defesa, assim como as muralhas, com suas torres e portais. O imperativo da defesa era fundamental e na construção de castelos, conventos e burgos a própria geografia do sítio era aproveitada para este fim.

Por outro lado, as técnicas utilizadas eram simples e os materiais pouco transformados pelo trabalho humano, dar que mais uma vez se lia a natureza ao se ver a cidade. Por ser espontânea e gradual a ocupação do espaço, a cidade se adapta, mais do que transforma seu sítio original.

É provavelmente isso que dê a essas cidadezinhas medievais um desenho peculiar – irregular, tortuoso, a forma inesperada a cada esquina. Nada de quadriculado que se repete nas quadras e quadras, nada de praças regulares, na cidade medieval tudo é sinuosidade, descontinuidade, surpresa. A grande torre da Igreja domina a paisagem e ao seu redor, o casaria irregular se comprime entre as muralhas.

É essa cidade que, do interior do território senhorial, vai acabar por minar as bases do poder feudal. Vamos examinar este processo de transformação para mostrar o papel que as cidades tiveram na crise do sistema feudal e como o espaço urbano se transformou a partir daí, adquirindo alguns traços que são ainda fundamentais, mesmo nas grandes metrópoles de hoje.

A cidade medieval começa a mudar no bojo do desenvolvimento de uma próspera economia mercantil, impulsionada, sobretudo pelo comércio de longa distância – as longas rotas que ligavam a Europa ao Oriente e levaram à ocupação europeia da América e África. Longas caravanas conduzidas por animais atravessavam a Europa transportando viveres, manufaturados e tesouros. Com esses caminhos terrestres se cruzavam as estradas fluviais – nos pontos de transbordo, encruzilhadas, na beira de um deserto ou na base de uma cordilheira, cidades cresciam.

Ao crescerem as cidades e se intensificar o comércio, o sistema feudal, já enfraquecido pelas pestes e pela inelasticidade da oferta de terras, entra em crise.

Por um lado a circulação de mercadorias colocava para o senhor feudal, assim como para o servo, a necessidade cada vez maior de dinheiro. A solução para o senhor era aumentar as pressões sobre o servo – para incrementar o excedente que poderia ser convertido em moeda nas mãos do senhor – ou arrendar terras, por dinheiro. Por outro lado, o próprio crescimento das cidades multiplicava as possibilidades de trabalho para o servo, na medida em que havia opções de sobrevivência para além do trabalho servil.

Assim, enquanto aumentavam as pressões senhoriais, cresciam a revolta dos servos e sua migração para as cidades.

O arrendamento também expulsava os servos do campo. As terras arrendadas geralmente passavam a produzir para o mercado – principalmente matérias-primas para manufaturas como da lã ou do linho – numa forma de produção que não absorvia nem comportava o trabalho servil.

O que é cidade

Tudo isto gerou um movimento em direção à cidade: primeiro dos servos, mas, pouco a pouco, também do poder.

Ao afluir para as cidades, os camponeses se libertavam do regime de servidão, não mais se submetendo ao vínculo com a terra e com o senhor que lhes roubava o trabalho, a comida e o tempo. Assim, para o servo, ir para a cidade, mesmo que não representasse necessariamente felicidade, saúde ou prosperidade, significava concretamente uma libertação. Solto das amarras que o prendiam ao senhor feudal, o servo perdia também o acesso à terra e portanto à subsistência – o que lhe conferia a dupla condição de livre e despossuído.

É com a força deste trabalhador livre e despossuído, com o lucro gerado pelo grande comércio e com o mercado que as cidades criavam que atividade manufatureira começa a se multiplicar, desafiando e deslocando o monopólio das corporações de ofício sobre a produção artesanal. A intervenção crescente dos mercadores, enriquecidos com o comércio, na produção artesanal ia cada vez mais deslocando o poder e o controle que os mestres de ofício tinham sobre sua produção de tal maneira que a atividade manufatureira, assim como o comércio, passam a ser controlados por esse novo grupo social. Esse grupo – a princípio um patriciado urbano enriquecido com as atividades mercantis – não era composto nem por nobres senhores feudais nem por servos.

Seu território era a cidade e seu poder a fortuna acumulada com o comércio, a indústria, as finanças. À medida que a atividade mercantil e manufatureira crescia e se diversificava, pouco a pouco algumas cidades passaram a sediar a administração dos empreendimentos: o financiamento e o seguro das viagens, a contabilidade, a gestão da economia mercantil. Assim, dizia-se que Gênova no século XVI antes de ser uma cidade era um banco, por onde se contabilizava e controlava todo o comércio do Mediterrâneo. A cidade, longe de estar circunscrita por suas muralhas, ou mesmo pelos seus arredores, tornava-se a cidade-mundo, nó de uma rede de cidades que passa a cobrir largas porções do planeta.

Vimos até aqui como a cidade derrubou suas muralhas, como de uma economia natural passou a uma economia mercantil, e como tornou-se sede e ponta de lança da emergência de um novo grupo social. No entanto, para entendermos as implicações destas transformações na organização das cidades, é preciso resgatar uma outra dimensão deste processo: a dimensão propriamente política.

Evidentemente a emergência de patriciado urbano e a desarticulação do sistema feudal colocavam em xeque o poder dos nobres senhores feudais. A princípio, esta questão se traduziu no reforço de um poder local urbano – a cidade-estado. Em Veneza, Gênova, Barcelona ou Florença se constituem linhagens de famílias patrícias. As torres dos palácios que lhes serviam de residência despontam na paisagem urbana, juntamente com os pináculos das catedrais, agora mais suntuosos ainda, desde que a riqueza do patriciado passa a ser investida também nelas. A construção de catedrais fazia parte da estratégia do poder patrício frente ao grande poder representado pela Igreja e pela teocracia. As grandes construções – de palácios e catedrais –, ao mesmo tempo em que manifestavam a aliança patriciado-Igreja, significavam um aquecimento do mercado interno, gerado pelos trabalhadores envolvidos com a construção.

Já no século XVI, as grandes cidades-Estado começam a conquistar cidades vizinhas, constituindo Estados territoriais, numa espécie de extensão de seu território. Assim,

Veneza vira a Terra-Firme, Florença vai virar o reino de Toscana, Barcelona, o reino de Aragão, Milão o Milanês. São monarquias, Estados centralizados absolutistas e militarizados dominados por linhagens nobres. Estas monarquias absolutas são claramente o resultado de crise política do final do feudalismo. Por um lado aparecem como um aparato que protege os privilégios e propriedades da nobreza, mas ao mesmo tempo responde aos interesses da classe mercantil e manufatureira na medida em que unifica regiões inteiras sob uma mesma moeda, levantando barreiras feudais e facilitando enormemente as atividades comerciais e manufatureiras.

Ao final do século XVI, o mapa da Europa será, muito mais do que uma rede de cidades, um mosaico de Estados. Estes Estados se organizavam em torno de uma cidade-capital. Se por um lado a necessidade de centralização da autoridade criava a cidade-capital, por outro, a própria existência de uma cidade no comando das principais rotas comerciais e militares contribuía poderosamente para o fortalecimento e unificação do Estado. Depois do século XVI, as cidades europeias que cresceram mais rapidamente em população, área e riqueza foram aquelas que abrigavam a corte real. Rapidamente, algumas cidades-capitais atingiram populações raramente conseguidas no mundo medieval. À medida que o poder e a população das capitais cresciam, acelerava-se a expansão de ambos. O aumento do tamanho das cidades ampliava tremendamente a renda devida aos poderes centrais e este dinheiro era usado junto com outras rendas para expandir e fortalecer a capacidade do Estado.

A transformação da vila medieval em cidade-capital de um Estado moderno vai operar uma reorganização radical na forma de organização das cidades. O primeiro elemento que entra em jogo é a questão da mercantilização do espaço, ou seja, a terra urbana, que era comunalmente ocupada, passa a ser uma mercadoria – que se compra e vende como um lotede bois, um sapato, uma carroça ou um punhado de ouro.

Em segundo lugar, a organização da cidade passa a ser marcada pela divisão da sociedade em classes: de um lado os proprietários dos meios de produção, os ricos detentores do dinheiro e bens; de outro, os vendedores de sua força de trabalho, os livres e despossuídos. Entre os dois estão os artesãos independentes, donos de seu próprio

negócio, que oscilam entre identificar-se com os demais
– proprietários ou aliar-se com os que estão com eles, ali-
jados do poder.

Finalmente, um poder centralizado e despótico ali se
instala; um poder de novo tipo, que interfere diretamente
na condução do destino da vida cotidiana dos cidadãos.

É desta redefinição do urbano e seu reflexo para as
cidades de hoje que falaremos agora. Primeiro mostrando
como se organiza a cidade dividida, onde a terra é mercadoria, para, em seguida, examinar o Estado e sua relação
com a cidade e os cidadãos.

Separar e reinar:
A questão da segregação urbana

Nas grandes cidades hoje, é fácil identificar territórios
diferenciados: ali é o bairro das mansões e palacetes, acolá
o centro de negócios, adiante o bairro boêmio onde rola a
vida noturna, mais à frente o distrito industrial, ou ainda
o bairro proletário. Assim quando alguém, referindo-seao
Rio de Janeiro, fala em Zona Sul ou Baixada Fluminense,
sabemos que se trata de dois Rios de Janeiro bastante

O que é cidade 45

diferentes; assim como pensando em Brasília lembramos do plano-piloto, das mansões do lago ou das cidades-satélites. Podemos dizer que hoje nossas cidades têm sua zona sul e sua baixada, sua "zona", sua Wall Street e seu ABC. É como se a cidade fosse um imenso quebra-cabeças, feito de peças diferenciadas, onde cada qual conhece seu lugar e se sente estrangeiro nos demais. É a este movimento de separação das classes sociais e funções no espaço urbano que os estudiosos da cidade chamam de segregação espacial.

Entre as torres envidraçadas e gestos tensos dos homens de terno e pasta de executivo, meninas pulando corda e jogando amarelinha estariam totalmente deslocadas; assim como não há travesti que faça michê na porta do Citibank às 3 horas da tarde. Não se veem vitrinas de mármore, aço escovado e neon na periferia, nem lama ou falta d'água no Leblon (Rio), Savassi (Belo Horizonte) ou Boa Viagem (Recife). É como se a cidade fosse demarcada por cercas, fronteiras imaginárias, que definem o lugar de cada coisa e de cada um dos moradores.

As meninas pulando corda e jogando amarelinha, fechadas no pátio da escola, se separam da rua por uma muralha de verdade, alta, inexpugnável; já a fronteira entre um bairro popular e um bairro chique pode ser uma rua, uma ponte, ou simplesmente não ser nada muito aparente, mas somente uma imagem, um ponto, uma esquina. Em algumas cidades, como em Joanesburgo, na África do Sul, placas sinalizam a segregação, indicando os territórios permitidos ou proibidos para os negros. As áreas restritas são protegidas por forças policiais que podem prender quem por ali circular sem autorização. Nesse caso, a segregação é descarada e violenta.

A segregação é manifesta também no caso dos condomínios fechados – muros de verdade, além de controles eletrônicos, zelam pela segurança dos moradores, o que significa o controle minucioso das trocas daquele lugar com o exterior. Além de um recorte de classe, raça ou faixa etária, a segregação também se expressa através da separação dos locais de trabalho em relação aos locais de moradia. A cena clássica cotidiana das grandes massas se deslocando nos transportes coletivos superlotados ou no trânsito engarrafado são a expressão mais acabada desta separação – diariamente temos que percorrer grandes distâncias para ir trabalhar ou estudar. Com isto, bairros inteiros das cidades ficam completamente desertos de dia, os bairros-dormitórios, assim como algumas regiões comerciais e bancárias parecem cenários ou cidades-fantasmas para quem as percorre à noite. Finalmente, além dos territórios específicos e separados para cada grupo social, além da separação das funções morar e trabalhar, a segregação é patente na visibilidade da desigualdade de tratamento por parte das administrações locais. Existem, por exemplo, setores da cidade onde o lixo é recolhido duas ou mais vezes por dia; outros, uma vez por semana; outros, ainda, onde o lixo, ao invés de recolhido, é despejado. As imensas periferias sem água, luz ou esgoto são evidências claras desta política discriminatória por poder do poder público, um dos fortes elementos produtores da segregação.

Em qualquer dos exemplos que mencionamos, fica evidente que estes muros visíveis e invisíveis que dividem a cidade são essenciais na organização do espaço urbano contemporâneo. Mais uma vez um mergulho na cidade do passado pode apontar para alguns elementos que contribuíram para que este poder de separar reinasse soberano em nossas cidades. Novamente vamos recorrer à organização da cidade medieval – e sua dissolução – refletir sobre esse ponto.

Como já vimos anteriormente, na cidade medieval não há segregação entre os locais de moradia e trabalho. A oficina do artesão é sua moradia e ao mesmo tempo é a residência dos aprendizes também. Além ser local de produção e habitação, é na oficina que se vende o produto do trabalho, de tal forma que todo o espaço do burgo é simultaneamente lugar de residência, produção, mercado e vida social. Uma descrição de Troyes, cidade medieval francesa no século XIII, mostra que a casa de um próspero artesão ocupava os quatro andares de uma edificação – sendo a oficina no andar térreo, a moradia familiar no primeiro e segundo pisos, a dos empregados no sótão e estábulos e armazéns no quintal localizado nos fundos. Artesãos mais pobres viviam em espaços bem mais modestos, mas também trabalhavam no mesmo local onde residiam. Enquanto os homens se envolviam no artesanato, mulheres e crianças também participavam da produção doméstica – fiando, tecendo, bordando, fabricando o pão, a manteiga e as conservas, cuidando dos animais no quintal. Assim a casa do artesão era simultaneamente uma unidade de consumo e produção na qual engajavam os adultos, jovens e crianças que compunham a família.

Nesse contexto, portanto, não há separação entre o mundo do trabalho e o mundo da família.

Situação semelhante, do ponto de vista arquitetônico – guardadas as devidas proporções –, poderia representar o quadro das cidades coloniais brasileiras. As casas dando diretamente para o alinhamento, o não "zoneamento" da cidade de acordo com funções e classes sociais, a casa como unidade de produção e consumo são características identificáveis em São Paulo, Rio, Recife, entre outras tantas cidades brasileiras até meados do século XIX.

Evidentemente o paralelo entre a vila medieval europeia e a cidade colonial brasileira só pode estender-se até certo ponto. Em primeiro lugar, a base da economia, inclusive a urbana, no Brasil colonial era o trabalho escravo e a relação social básica, aquela que liga escravos e senhores, é bastante diferente da relação senhor feudal/servo. O escravo é uma mercadoria de propriedade do senhor, como uma máquina ou uma carroça, que faz parte, portanto do inventario de seus bens, podendo ser trocada ou vendida. Já a ligação do servo é, antes de mais nada, com a terra, feudo a que tem direito, por tradição ou conquista, um senhor.

A existência do trabalho escravo marcava a paisagem urbana no Brasil colonial de forma peculiar. Todo o trabalho, da produção doméstica ao transporte de cargas, dos ofícios aos serviços gerais, era a ele entregue. Isto significa que uma das instituições fundamentais na vida de um burgo medieval – o grêmio corporativo – é impensável numa cidade colonial brasileira. Aqui, a senzala, e não a corporação, representava o mundo do trabalho.

Do ponto de vista espacial há, no entanto, algumas semelhanças entre os burgos medievais europeus e as cidades coloniais do Brasil. Estas semelhanças residem, sobretudo, no caráter comunal do espaço urbano; isto é, espaços polivalentes do ponto de vista funcional e misturados do ponto de vista social. Como no burgo medieval, na cidade colonial não existem regiões/trabalho e regiões/moradia, praças da riqueza, praças da miséria. Isto evidentemente não quer dizer que não existiam nestas cidades diferenças de classe ou posição social. Pelo contrário: as distâncias que separavam nobres e plebeus, ricos (*popolograsso*– povo gordo, como se dizia então na Itália) de pobres (*popolo magro*) eram enormes. Estas distâncias, assim como as distâncias entre senhores e escravos nas cidades brasileiras, não eram físicas. Ricos, nobres, servos, escravos e senhores poderiam estar próximos fisicamente porque as distâncias que os separavam eram expressas de outra forma: estavam no modo de vestir, na gestualidade, na atitude arrogante ou submissa e, no caso brasileiro, também na própria cor da pele. Estes eram sinais de respeito e hierarquia rigorosamente obedecidos porque tinham um fundamento moral: o negro se submetia ao senhor porque a ele pertencia seu corpo; o senhor impunha seu poder ao negro, acreditando ser ele apenas um instrumento, não um ser humano.

Assim a mistura de brancos e negros nas ruas e nas casas da cidade era possível porque a distância que os separava era infinita. O respeito e hierarquia introduziam a diferença social na vida comunal.

Hoje essa forma de habitar e organizar a cidade seria considerada promíscua. É claro que quando falamos das cidades medievais ou núcleos coloniais estamos falando de cidades com pequena população, no máximo 30-40 mil habitantes, onde se anda a pé ou de carroça. No entanto, não é apenas o aumento da população que explica a transformação deste modo de organização do espaço urbano.

Examinando a história destas cidades é possível perceber que a segregação espacial começa a ficar mais evidente à medida que avança a mercantilização da sociedade e se organiza o Estado Moderno. Na Europa, este quadro emerge no século XVII, no projeto barroco das cidades-capitais. Nas cidades escolhidas como sede pelas monarquias absolutistas, logo o poder deste novo Estado se fazia notar através de sua presença na cidade. Grandes projetos de edifícios públicos – muitas vezes conjuntos inteiros, como Versalhes – abrigavam um aparelho de Estado. A edificação destes conjuntos representava a permanência deste poder – cortes, arquivos, ministérios de finanças, burocracia – no coração da cidade.

Para aqueles cujo poder e fortuna estavam mais diretamente relacionados a estas fontes de autoridade, isto é, para os principais funcionários do Estado e para os grandes comerciantes e banqueiros, os locais de residência passavam a se separar do local de trabalho. Com isto, novos bairros exclusivamente residenciais e homogêneos do ponto de vista social começam a surgir. Este é um primeiro movimento de segregação – com ele vem o bairro dos negócios (o CBO americano) e uma reconceituação

O que é cidade   53

da moradia, que em sua acepção burguesa vem sob o signo da privaticidade e isolamento.

No Brasil, este movimento é aparente no Rio de Janeiro – sede do poder imperial. O Paço de São Cristóvão e todo o bairro da elite que cresceu a seu redor, a Rua do Ouvidor com seu grande comércio e a zona portuária/popular compõem o cenário da cidade na primeira metade do século XIX.

Este movimento de segregação vai ser tremendamente impulsionado pela disseminação, do trabalho assalariado. Se na relação mestre/aprendiz ou senhor/escravo a convivência é um elemento essencial, na relação patrão/empregado esta é definida pelo salário. Com ele, o trabalhador paga seu sustento – seu teto, sua comida. Esta é a condição para que seu espaço se separe fisicamente do território do patrão. Isto se dá porque se rompe um vínculo e porque cada qual comprará no mercado imobiliário a localização que for possível com a quantidade de moeda que possuir.

Em algumas cidades brasileiras a crise da escravidão e a expansão do trabalho livre – isto é, o final do século XIX – vão marcar este impulso segregador. Em São Paulo, por exemplo, esta é a história dos Campos Elísios, Higienópolis e depois Avenida Paulista, obras da burguesia paulistana enriquecida com o capital gerado pelo trabalho nos cafezais. Esta é também a história do Brás, da Barra Funda, da Lapa, bairros de mulatos e imigrantes, trabalhadores assalariados da cidade.

É interessante observar que se a segregação se impõe ao nível da constituição de territórios separados para cada grupo social, é também sob seu império que se reorganiza o espaço de moradia. O lar – domínio de vida privada do núcleo familiar e de sua vida social exclusiva – se organiza sob a égide da intimidade. Isto implica uma micropolítica familiar totalmente nova e ao mesmo tempo significa uma redefinição da relação espaço/privado público na cidade. Examinando o loteamento de Higienópolis em São Paulo ou Copacabana no Rio de Janeiro, é possível notar que a casa se afasta da rua e dos vizinhos, ganhando e murando seu lote ao redor. Dentro, há uma espécie de zoneamento dos cômodos segundo funções e ocupantes precisos – sala disto, sala daquilo, quarto disto, quarto daquilo. Dentre os cômodos da casa uma nova região é demarcada: a sala de visitas, lugar que se abre para receber um público previamente selecionado. A vida social burguesa se retira da rua para se organizar à parte, em um meio homogêneo de famílias iguais a ela.

A gênese dessa arquitetura do isolamento fez parte da redefinição de noção de espaço privado e público que ocorre neste momento. Para a burguesia, o espaço público deixa de ser a rua – lugar das festas religiosas e cortejos que engloba a maior variedade possível de cidades e condições sociais – e passa a ser a sala de visitas, ou o salão. Do ponto de vista do modelo burguês de morar que se esboça com estas mudanças, "casa" e "rua" são dois termos em oposição: a rua é a terra de ninguém perigosa que mistura classes, sexos, idades, funções, posições na hierarquia; a casa é território íntimo e exclusivo. Dentro da casa se estruturam locais ainda mais privativos – a zona íntima, cujas paredes definem os contactos por sexo e idade. Assim, é fechado no quarto da casa isolada do bairro homogêneo e exclusivamente residencial, que o indivíduo está totalmente protegido da tensa diversidade da cidade.

Do ponto de vista da micropolítica da família, algumas mudanças importantes ocorrem no território familiar. A mulher – afastada da produção e do contacto com os assuntos do mundo exterior – acaba virando "a rainha do lar", uma especialista em domesticidade.

Por outro lado, as crianças que até então viviam desde pequenas no mundo dos adultos aprendendo na prática o que necessitariam para sobreviver, passam a ser separadas por grupos de idade e mandadas à escola.

O que acabamos de descrever é o padrão burguês de habitação; sabemos que, na verdade, tornou-se norma para o conjunto da sociedade, mas sabemos também que no território popular a superposição de funções e o uso coletivo do espaço é estratégia de sobrevivência. Portanto o que vai caracterizar esta cidade dividida é, por um lado, a privatização da vida burguesa e, por outro, o contraste existente entre este território do poder e do dinheiro e o território popular. A questão da segregação ganha sob este ponto de vista um conteúdo político, de conflito: a luta pelo espaço urbano. Para os membros da classe dominante, a proximidade do território popular representa um risco permanente de contaminação, de desordem. Por isso deve ser, no mínimo, evitado. Por outro lado, o próprio processo de segregação acaba por criar a possibilidade de organização de um território popular, base da luta por trabalhadores pela apropriação do espaço da cidade.

Vimos como a história da segregação espacial se liga à história do confinamento da família na intimidade do lar, que, por sua vez, tem a ver com a história da morte do espaço da rua como lugar de trocas cotidianas, espaço de socialização. Vimos também como as ruas se redefinem em vias de passagem de pedestres e veículos, como a casa se volta para dentro de si e lá dentro se fecha e esquadrinha a família. Esta reorganização espacial, introduzida pela necessidade da segregação na cidade, tem uma base econômica e uma base política para sustentá-la. Do ponto de vista econômico ela está diretamente relacionada à mercantilização ou monetarização dos bens necessários para a produção da vida cotidiana. A moradia passa a não ser mais uma unidade de produção porque os bens que nela eram produzidos se compram no mercado. Por outro lado o bairro residencial exclusivo é possível e a superdensidade dos bairros dos trabalhadores é cada vez mais real exatamente porque a terra urbana é uma mercadoria – quem tem dinheiro se apodera de amplos setores da cidade, quem não tem precisa dividir um espaço pequeno com muitos.

Do ponto de vista político, a segregação é produto e produtora do conflito social. Separa-se porque a mistura é conflituosa e quanto mais separada é a cidade, mais visível é a diferença, mais acirrado poderá ser o confronto.

De tudo o que falamos a respeito da segregação, um elemento atravessou toda a reflexão sem ter sido, no entanto, desenvolvido; a intervenção do Estado na cidade. Quando falamos do crescimento e transformação da cidade-capital, nos referimos à intervenção e investimento do poder público no espaço. Quando falamos em regiões nobres e regiões pobres, nos referimos a espaços equipados com o que há de mais moderno em matéria de serviços urbanos e espaços onde o Estado investe pouquíssimo na implantação destes mesmos equipamentos. Quando falamos das altas paredes da escola que encerram as meninas no pátio, nos referimos a instituições públicas, destinadas a disciplinar, curar, educar ou punir.

Há, em todos estes casos, a ação do Estado na cidade, produzindo ou gerindo segregação.

É desta nova forma de exercício do poder urbano, o Estado moderno, e sua forma de atuação na cidade que trataremos a seguir.

Estado, cidade, cidadania

Imaginemos uma cidade onde não haja código de edificações ou lei de zoneamento que regule a construção. Onde não haja polícia regulando o trânsito e caçando bandidos. Onde não existam redes públicas de transporte ou funcionários despachando ofícios e memorandos de sala em sala em secretarias disto e daquilo. Impensável? A presença do aparelho de Estado na gestão da cidade foi por nós incorporada a tal ponto que nos parece fazer parte do cenário urbano, como o próprio asfalto e cimento.

Vimos no primeiro capítulo, quando falamos em *civitas*, que é da natureza mesma da aglomeração urbana existir sempre uma dimensão pública da vida cotidiana. Falamos também da emergência de um podar urbano, autoridade político-administrativa encarregada da gestão desta dimensão pública, e comentamos diferentes formas assumidas por este poder ao longo da história.

Quando nos referimos à cidadela, à *polis* ou à *civitas*, falamos em verdade na definição de quem ao longo do tempo deteve este poder e como o exerceu. Se hoje a presença do Estado na cidade é tão grande, isto tem também uma história vinculada às transformações sociais, econômicas e políticas que ocorreram com a emergência do capitalismo. Na história da cidade, é no decorrer do século XVII que se esboça uma reviravolta na definição do poder urbano.

Essa virada representa uma transformação na composição das forças políticas que sustentam este poder, fruto da incorporação do grupo social diretamente envolvido na acumulação do capital nas esferas dominantes. Isto vai significar concretamente que a ação do poder urbano que emerge neste processo antes de mais nada tende a favorecer a acumulação de capital nas mãos deste grupo. Por outro lado, como o próprio espaço urbano se torna campo de investimento do capital, a pressão da classe capitalista sobre a ação do Estado se dará no sentido de este beneficiar a maximização da rentabilidade e retorno de investimentos. Desde logo, assim se define a forma de ocupação da terra urbana: dividida em lotes geométricos, facilmente mensuráveis para que a eles se possa atribuir o preço. A lógica capitalista passa a ser então um parâmetro essencial na condução de uma política de ocupação da cidade; que se expressa também na intervenção do Estado. Para

O *que é cidade* 61

exercer esta intervenção, todo um aparelho de Estado vai ser organizado. Vamos examinar aqui este exercício, suas estratégias concretas e pressupostos ao nível das ideias que fundamentam a ação, assim como suas contradições.

Uma das características distintivas da estratégia e modo de ação do Estado na cidade capitalista é a emergência do plano, intervenção previamente projetada e calculada, cujo desdobramento na história da cidade vai acabar desembocando na prática planejamento urbano, tal como conhecemos hoje. O que há de mais forte e poderoso atrás da ideia de planejar a cidade, é sua correspondência com uma visão da cidade como algo que possa funcionar como um mecanismo relojoaria, mecanicamente. Esta imagem mecânica da cidade é clara nas utopias, cidades imaginárias que artistas e escritores renascentistas representaram em esboços e descrições. A mais famosa deles, a Ilha da Utopia de Thomas Morus, é rica em detalhes que garantem a perfeição do mecanismo: ruas retas e largas que permitem a passagem do ar e do tráfego; zoneamento funcional separando indústria e residência, demarcação de reservas de verde no interior do tecido urbano; tudo isto aparece em um desenho simétrico e regular, ordenado e preciso.

A utopia de Thomas Morus é talvez o mais detalhado de uma série de projetos de cidades ideais que estavam sendo produzidos naquele momento pelos tratadistas de arquitetura, como Campanella, da Vinci e Vitrúvio.

Sabemos que no mundo medieval as cidades não eram precedidas por planos, pelo contrário, como já vimos, cresciam espontaneamente, na medida em que iam ocupando o sitio circundante. Projetos prévios não eram tampouco feitos para a construção das casas, nem mesmo das grandes catedrais. Mestres da construção conheciam a arte do ofício e, com suas equipes de trabalho, comandavam as obras. Essa prática de trabalho tem a ver diretamente com a forma de produção e transmissão do conhecimento medieval, um saber que se concebe e transmite pela própria prática do trabalho e na observação de semelhanças na natureza. Esta forma de produzir e transmitir conhecimento sofrerá uma reviravolta no século XVII, quando um conhecimento racional, baseado no princípio da representação e nos princípios de ordem e medida, éposto em marcha. Para esta forma de pensar, conhecer é classificar, ordenando os objetos segundo um critério de identidade e diferença. Neste princípio se baseavam os tratados de arquitetura e urbanismo, aonde se registrava, medido e calculado, aquilo que a experiência dos mestres construtores havia produzido.

Eram projeta dos também novos modelos que, aperfeiçoando a realidade existente, poderiam eliminar seus "defeitos". A lógica da racionalidade, do cálculo e da previsão, que emerge a partir das práticas econômicas do grande comércio e da manufatura, penetra assim na produção do espaço, com planos e projetos debaixo do braço.

Essa transformação, além de fundamentar-se em uma nova forma de pensar, baseia-se também em uma nova forma de trabalhar: a divisão do trabalho em minitarefas especializadas, a separação do trabalho intelectual e manual, o domínio do capital e do saber científico sobre a prática. Concretamente no canteiro de obras, os mestres da construção perdem o poder sobre seu ofício, assalariando-se. Entra em cena um técnico da representação e do projeto, detentor do saber científico sobre seu campo de trabalho, e seu plano vira ordem de serviço.

Até aqui vimos como a emergência do plano como estratégia de exercício do poder urbano tem a ver com uma transformação no nível das relações de trabalho, com novas formas de pensar, especificamente com a proposta burguesa de racionalidade (cálculo e precisão) na ação. Estes pressupostos são anunciados no trabalho dos tratadistas, no desenho das utopias renascentistas.

Evidentemente, as cidades imaginárias dos pensadores utópicos não viraram realidade. Sua importância, entretanto, reside no fato de expressarem claramente um programa de intervenção do Estado na cidade, cujos temas principais, se repetem até no planejamento computadorizado de hoje. O primeiro é a leitura mecânica de cidade – a cidade como circulação de fluxos –, de pedestres, de veículos, de tropas, de cargas ou de ventos. O segundo é a ideia de ordenação matemática – a regularidade e repetição – como base da racionalização na produção do espaço. Ainda um terceiro pressuposto é a ideia de que uma cidade planejada é uma cidade sem males, utopia que até hoje seduz os defensores no planejamento urbano. E, finalmente, nas utopias está esboçada a possibilidade de o Estado poder controlar a cidade, através do esquadrinhamento e domínio de seus espaços.

Uma das primeiras aplicações concretas dos planos de cidade ideal foram as cidades coloniais hispano-

O que é cidade 65

-americanas. Implantadas pelo poder centralizado e despótico da Monarquia Espanhola como parte importante de um empreendimento mercantil capitalista, foram as cidades deste território conquistado traçadas previamente na Espanha e edificadas conforme ditavam seus planos. Assim foi o desenho de Lima, fundada por Pizarro em 1555, um tabuleiro de damas (as *cuadras*) em torno de uma grande praça central (a Plaza Mayor), traçada conforme a planta e o desenho que se fez no papel. Assim foi também a cidade do México construída sobre as ruínas da antiga Tenochtitlan, capital do império asteca, arrasada pelos espanhóis em 1529. Estes são os primeiros exemplos da cidade de barroca, modelo urbano baseado no projeto racional prévio que expressa o presente e prevê o futuro.

Na própria Europa, a disseminação do plano e do modelo barroco vai ganhar materialização na obra dos monarcas absolutos. A expressão mais clara desta intervenção são as novas cidades (ou extensões de cidade) construídas especialmente para abrigar a realeza e sua corte, como Versalhes na França ou a Vila Real, em Nápoles. Mas através de intervenções puntuais em setores antigos das cidades é possível também reconhecer esta ação. Como vimos no capítulo em que comentamos a segregação, em Roma ou Londres, no século XVII, quarteirões medievais inteiros foram demolidos para dar lugar a uma rede de avenidas e praças traçadas radialmente segundo linhas matemáticas.

O elemento essencial dos planos barrocos é a circulação: ruas retas, alinhamento das casas, desobstrução dos nós que não permitem a passagem. Vinculado a este, outro elemento importante é a visibilidade do poder – daí a construção do grande eixo monumental, bordado por edifícios públicos ou a eles convergindo. Para isto, uma operação limpeza arrasa o antigo ajuntamento irregular, substituindo-o pejo traçado das grandes avenidas planificadas. As novas avenidas abertas na cidade se transformam no espaço por onde circula a classe dominante, geralmente contendo suas áreas de habitação ou centros de fazer. Nestes espaços o Estado investe em infraestrutura com o que há de melhor, na época, em matéria de limpeza, iluminação, pavimentação.

Enquanto as monarquias absolutas reformavam suas capitais, implantavam também em seus arredores instituições disciplinares (como prisões, asilos, hospitais) destinadas a abrigar e conter a tensão gerada pelo grande fluxo de pobres que se encaminhava para as cidades. Além do movimento migratório campo-cidade de camponeses destituídos, as capitais eram polos de atração maior do que qualquer outro local. Nelas as possibilidades de trabalho eram maiores (inclusive nos grandes trabalhos de construção) e, no mínimo, viver do lixo, ou caridade de uma grande cidade, era melhor do que vagar pelas estradas. Assim, a cidade vai aumentando rapidamente de população, crescendo a miséria e as tensões sociais. A construção de instituições fechadas e isoladas procura confinar, sob vigilância permanente, uma população marginal que desafia e ameaça a fluidez da máquina-cidade.

Por outro lado, a construção desses equipamentos públicos tem a ver com o pacto que se estabelecia entre Estado e família, quando se constitui o "lar" burguês: o poder na família é a garantia local para o cumprimento das leis do Estado. O Estado, por sua vez, fornece à família os meios para conter seus membros não integrados. Assim, ao mesmo tempo em que se estrutura o lar – a casa isolada da família burguesa – os loucos, vagabundos e doentes da família são retirados do convívio com a cidade e "cuidados" pelo poder público.

A esta altura o leitor certamente deve estar lembrando de coisas conhecidas – dos asilos e penitenciárias, do eixo monumental de Brasília e sua Praça dos Três Poderes, da repetição matemática dos conjuntos habitacionais do BNH, ou das grandes operações de demolição de áreas decadentes e sua substituição por vias expressas ou *shopping centers*. Efetivamente, são ainda muito semelhantes os princípios da intervenção do Estado na cidade. E se eles ainda fazem algum sentido hoje é porque seus pressupostos econômicos e políticos ainda valem. Vamos passar então a apontá-los.

Antes de mais nada, a prevalência da cidade como espaço de circulação de mercadorias é totalmente verdadeira para nossas cidades. Hoje, tudo é mercadoria e circula. As pessoas, vendendo sua força de trabalho, os veículos despejados aos milhões pelas fábricas de carros, as cargas que distribuem uma lista interminável de bens a serem consumidos pelos moradores. Daí que demolir casas, sobrados e até implodir edifícios para dar lugar a um grande projeto de transportes já tenha se tornado absolutamente corriqueiro em nossa cidade. Quem já não vivenciou a experiência de ver um espaço conhecido sumir embaixo de uma avenida ou viaduto?

Por outro lado, o próprio espaço urbano é uma mercadoria cujo preço é estabelecido em função de atributos físicos (tais como declividade de um terreno ou qualidade de uma construção) e locacionais (acessibilidade a centros de serviços ou negócios e/ou proximidade a áreas valorizadas da cidade). Como a valorização ou desvalorização de uma região depende dos investimentos públicos e privados naquele espaço, o investimento maciço, representado por grandes trabalhos de remodelação, alteram substancialmente o mercado imobiliário. Assim, as grandes obras públicas de redesenho da cidade funcionam como territórios reconquistados ou frentes pioneiras para o capital imobiliário. No caso da reforma de bairros antigos, trata-se da retomada de um espaço que, do ponto de vista do capital imobiliário, tem um potencial para gerar uma renda maior do que a auferida no mercado. Trata-se, portanto, de uma atualização da renda fundiária.

A definição do investimento público em infraestrutura (água/luz/ asfalto/telefone/esgoto/guias e sarjetas) e equipamentos (escolas/hospitais/ creches parques/ *play-grounds*) também é decisiva na lógica do mercado imobiliário, na medida em que esses investimentos produzem localizações valorizadas.

A diferença entre o preço do terreno dos Jardins de São Paulo, da Zona Sul do Rio de Janeiro, ou da Barra em Salvador face aos bairros periféricos da cidade é antes de mais nada o super equipamento de um e a falta de infraestrutura do outro. O que acabamos de descrever fundamenta a existência da chamada "especulação imobiliária": alguns terrenos vazios e algumas localizações são retidas pelos proprietários, na expectativa de valorizações futuras, que se dão através da captura do investimento em infraestrutura, equipamentos ou grandes obras na região ou nas vizinhanças. Isto provoca a extensão cada vez maior da cidade, gerando os chamados "vazios urbanos", terrenos de engorda, objeto de especulação.

Ainda do ponto de vista econômico, as grandes obras, assim como a construção da infraestrutura pública, representam uma oportunidade importantíssima para o capital aplicado da área da construção, na medida em que abrem frentes de investimento para as empresas do setor. É por isso que os interesses das empreiteiras e do capital imobiliário são peças importantes no jogo de podar urbano na cidade do capital. Alguns exemplos – do passado e do presente – de grandes operações/investimentos públicos em nossas cidades ilustram este raciocínio. O início do século, no Rio de Janeiro, ficou conhecido como a "era do bota abaixo". Sob o governo de Rodrigues Alves e a estratégia urbanística de Pereira Passos, o antigo centro e zona portuária do Rio foram totalmente remodelados. A abertura da Avenida Central: uma das realizações do plano, substituiu uma região popular pelo comércio e negócios endinheirados, contribuindo inclusive para agravar uma crise aguda de moradia, que explodiu uma das maiores revoltas populares urbanas da história do país: a Revolta da Vacina.

Um exemplo recente deste tipo de intervenção pública na cidade é a construção do metrô, pois alterou bastante o perfil e composição dos bairros onde ocorreu. Geralmente estas operações não beneficiam os antigos ocupantes das regiões atingidas; pelo contrário, estes são expulsos, literalmente, ou, através dos mecanismos sutis do mercado especulativo de terras urbanas. Assim, do ponto de vista econômico, os pressupostos dos planos barrocos são extremamente atuais.

Do ponto de vista político, o desenho proposto pelo plano barroco das grandes avenidas e blocos regulares baseia-se na ideia de um poder urbano que possa ser visto e ao mesmo tempo ver e controlar a cidade. Ele se contrapõe ao casario medieval, um espaço obscuro e tortuoso, que era preciso iluminar, a começar, literalmente, pela abertura das ruas. Os estudos detalhados de perspectivas forneciam os elementos arquitetônicos para construção deste espaço iluminado – as avenidas convergem para um ponto de onde tudo se controla, não há obstruções, rugosidades que desviam o olhar.

A fonte dessa arquitetura é sem dúvida a experiência acumulada pela engenharia militar na construção de fortalezas, muralhas e quartéis. Mas a imagem de um poder urbano que tudo vê já aparece no desenho da Jerusalém Celeste, utopia religiosa medieval que representa uma cidade iluminada sob um poder clarividente. No projeto das instituições de confinamento, o mesmo principio se materializa na construção de uma torre central de onde se pode controlar simultaneamente todos os elementos (celas/quartos), enfileirados radialmente ao seu redor. É a ideia presente no Panoptikon, modelo de espaço institucional proposto por Jeremy Bentham no final do século XVIII, aplicável a hospitais, prisões, escolas, etc.

O programa e o projeto dessas instituições em quase nada se modificaram atualmente: equipamento coletivo como fator de disciplina e vigilância está completamente presente em nossas cidades. As incursões periódicas da polícia nas favelas resultam geralmente, além das mortes, em prisão para uns, reformatórios, hospitais e hospícios para outros.

A própria rede pública de serviços de educação e saúde tem funcionado como campo de exercício de um urbano que vigia e disciplina. No hospital do SUS se adaptam os incapacitados para trabalhar, nas escolas se forma o cidadão normal, trabalhador e obediente às leis. Tudo isto significa que a intervenção crescente do Estado na vida dos habitantes tem se norteado por produzir um certo modelo de normalidade e saúde aos cidadãos.

O projeto normalizador dos equipamentos coletivos é apenas uma das instâncias onde o Estado atua como produtor e conservador de normas, isto é, modelos homogêneos de cidade e cidadão impostos ao conjunto da sociedade como regra. Assim, ao mesmo tempo em que para os equipamentos de saúde há o indivíduo saudável, para a legislação urbana há a casa saudável, o bairro saudável. As casas e bairros de nossas cidades podem ser construídos se obedecerem a certo padrão, completamente adaptado à ocupação capitalista da terra e à micropolítica familiar burguesa. A reprodução infinita do projeto-padrão na cidade reforça a norma. Assim, para o planejamento urbano, as favelas e áreas de invasão, assim como os cortiços e os quintais, são habitações subnormais. Geralmente, o que o planejamento urbano chama de subnormal, a policia chama de marginal e o povo em geral de má vizinhança, que desvaloriza o bairro.

Evidentemente para quem mora ali essa é a melhor maneira de conseguir morar em uma cidade cara e segregada. Isto implica ter de assumir a condição de não cidadão, estigmatizado por se desviar da norma. A estigmatização destes "focos" de desvio faz parte do mecanismo poderoso de reprodução do modelo de cidade e cidadão – é a maioria integrada e "normal" que se identifica com a norma nesta operação de produção de significados.

Apesar de estigmatizadas até pelos próprios favelados e cortiçados, estas habitações não param de crescer.

Obviamente, enquanto os salários dos empregados e os rendimentos do trabalho manual forem baixos e o lucro do capital alto, é impossível querer que todos os moradores da cidade possam comprar ou alugar uma casa isolada em um loteamento regular ou um apartamento confortável. No entanto, o capital observe esta população empregando-a para fazer os serviços menos remunerados da cidade, absorve e precisa desta população porque sua participação no mercado de trabalho na cidade permite não só que os serviços prestados por estes trabalhadores sejam baratos, mas também que os salários como um todo se mantenham deprimidos. A questão então reside nas condições urbanas de vida desta população. Exploradas ao vender sua força de trabalho, as pessoas se viram como podem para viver na cidade, autoconstruindo ou dividindo com muitos suas casas, ocupando ou invadindo. Vão se organizando assim territórios populares, desde logo marcados pela clandestinidade de sua condição. Do ponto de vista do capital, a favela ou cortiço, contradição do sistema que a reproduz e rejeita, é território inimigo, que deve ser eliminado. É inimigo do capital imobiliário porque desvaloriza a região; da polícia, porque em seus espaços irregulares e densos é difícil penetrar; dos médicos, porque ali, espaço sem saneamento, proliferam os parasitas que se reproduzem nos esgotos a céu aberto.

Para os moradores favelados o clamor pela intervenção do Estado se formula com a exigência do reconhecimento a este grupo da condição de cidadão e, portanto merecedor da infraestrutura, equipamentos públicos e habitação digna. O Estado aparece como a possibilidade de obtenção da mercadoria casa ou cidade a um preço menor do que o do mercado, e a perspectiva de legalização. A intervenção do Estado nestes territórios tem se dado geralmente através de programas e projetos que "racionalizam" estes espaços, adequando-os às normas do modelo. Dessa forma, é uma ação que vai no sentido da homogeneização, da conversão de um certo espaço singular, da reprodução do modelo "normal" da casa e da cidade. É também uma ação que responde simultaneamente às reivindicações do capital e dos moradores das favelas. O fato de que esta intervenção seja normalizadora demonstra como um território desviante é recuperado como se recupera um doente no hospital ou um criminoso numa prisão-modelo.

Nessa acepção, o poder urbano funciona na cidade capitalista como uma instância que controla os cidadãos, produz as condições de acumulação para o capital e intervém nas contradições e conflitos da cidade. Para isto organiza uma poderosa máquina, feita de um exército de técnicos e funcionários, que em nossas cidades parece crescer indefinidamente. Apesar desse crescimento, a máquina não parece ter sido capaz de eliminar o conflito, homogeneizar totalmente o território da cidade ou acabar com seus males. E isto porque, em primeiro lugar, a máquina encarregada de controlar a cidade é objeto de disputa dos vários grupos ou forças sociais que estão ali presentes. Assim, a não ser em períodos de ditadura, as reivindicações e pressões também vêm do território popular e nas disputas políticas em torno da máquina estatal isto pode ter um peso significativo. Em segundo lugar, porque nos espaços mais homogêneos e até nos piores espaços concentracionais há sempre o desvio das finalidades e previsões de certos equipamentos e a constituição de territórios singulares, que se desviam da norma. A intervenção do Estado na cidade é, portanto, contraditória: sua ação pode favorecer mais ou menos certos segmentos da sociedade urbana – mas nunca definitivamente. O que há de permanente na cidade do capital é a luta pela apropriação do espaço urbano e a ação do Estado nada mais é do que expressão das forças engajadas, voluntária ou involuntariamente, nessa luta...

Cidade e indústria

Ao analisar a cidade capitalista, apontamos para alguns traços essenciais de seu desenvolvimento: a privatização da terra e da moradia, a segregação espacial, a intervenção reguladora do Estado, a luta pelo espaço. Mas não falamos ainda da força poderosa que dá ritmo e intensidade a esses movimentos: a produção industrial.

É difícil pensar um aspecto de vida urbana hoje que não seja, de alguma forma, investido pela indústria. A indústria esta nos milhares de objetos que existem à nossa volta, na velocidade dos carros e aviões. na rapidez com que as estradas avançam distribuindo produtos por todo o mundo. A indústria está também na raiz da escravidão do nosso tempo – nossos dias, semanas, meses, tomados pela noção de tempo útil e produtivo. Nas grandes metrópoles industriais de hoje não há tempo para ócio ou devaneio.

O que é cidade 79

É também manifestação da indústria a homogeneização de nossa sociedade – somos uma multidão usando *jeans*, tênis e *T-shirts* e em nossas casas não falta a TV. A própria TV – esta poderosa máquina homogeneizadora – é indústria (de cultura, de modos de ser), tomando conta de nossas subjetividades.

As TVs e toda a panóplia de bens oferecidos por ela são produzidas em grandes unidades produtivas onde o trabalho é dividido em milhares de minigestos automáticos: a fábrica. No capítulo em que descrevemos a transição da cidade medieval para a cidade moderna, apontamos para a destruição da oficina do mestre artesão e a emergência de um processo de parcelamento e seriação do trabalho. Mencionamos também o controle crescente do processo de trabalho pelo capital, subordinação do trabalho manual ao trabalho intelectual e este ao saber científico. O ingrediente que falta para compor o cenário da indústria é apenas um: a máquina. Primeiro foram os enormes engenhos de ferro ou madeira impulsionados pelo vapor. Hoje são as máquinas de aço comandadas por programas de computador. Embora a cidade das chaminés e do apito das fábricas seja diferente da cidade automatizada, a presença da indústria é um elemento essencial de ambas. O que aconteceu com as cidades quando passaram a abrigar as grandes indústrias foi, sem dúvida, uma revolução que alterou decididamente o caráter e a natureza da aglomeração urbana.

Antes de mais nada, com a industrialização da produção assistimos a um processo de urbanização numa escala jamais conhecida. A *Gross-stadt*, grande cidade, aglomeração urbana de centenas de milhares, de milhões de habitantes, é produto deste processo. Além de as grandes concentrações, de as densidades serem precedentes à população, é a indústria também que impulsiona o processo de urbanização da sociedade como um todo. Urbanização do planeta significa que, mesmo não estando dentro de uma cidade, somos atingidos por seus projéteis. Isto se dá, sobretudo, em função de uma revolução nos transportes – hoje nas comunicações – decorrente da introdução da máquina no processo de circulação de bens, mercadorias e informações. A introdução da máquina, ao diminuir distâncias, transforma sem cessar regiões longínquas em mercados potenciais para os produtos da indústria.

A máquina entra na distribuição da mercadoria ao mesmo tempo em que entra em sua produção. Trens e navios a vapor passaram a carregar o produto dos teares mecânicos, impulsionados pelo calor das caldeiras. A substituição da força animal e humana como força motriz pelo impulso do motor ampliou os limites da produção para além das capacidades biológicas. A máquina não cansa, não sente, não tem humores, não é como o vento, que às vezes não sopra, nem como o braço que às vezes cansa. Seu poder motor é limitado apenas por suas potencialidades mecânicas. Eis por que triunfou e tomou conta do processo de produção e circulação de bens; eis por que nunca mais se parou de investir em seu aperfeiçoamento, na possibilidade de ampliação de seu tempo de uso e capacidade produtiva.

Se por um lado quem é dono das máquinas depende cada vez menos dos limites humanos na capacidade de produzir, por outro sua introdução no processo produtivo implicou a mobilização cada vez maior de indivíduos envolvidos na produção.

A quantidade e diversidade de bens produzidos foram se ampliando na medida em que o sistema industrial foi ocupando uma a uma as esferas da produção da vida cotidiana. Ao mesmo tempo, a concentração e a aglomeração físicas funcionaram até determinados patamares da revolução industrial como condições para seu desenvolvimento. Por isto a cidade é correlata à grande indústria.

Vamos examinar um pouco mais detalhadamente a história desta revolução para podermos entender a emergência da cidade industrial e suas características.

Apesar de fábrica e cidade serem hoje termos indissociáveis, o sistema tal como o conhecemos hoje, não nasceu na cidade, mas fora dela. Como já afirmamos anteriormente, a manufatura surge a partir do controle do negociante sobre a produção doméstica, localizada, sobretudo, no campo. As restrições impostas pela estrutura corporativa (que limitava o numero mestres e excluía a competição entre eles) constituíam uma barreira para a expansão da capacidade produtiva, que a expansão comercial e sua capacidade de criação de mercados requeriam.

Quando a burguesia intervém na produção, o faz violando as de corporação e procurando potencializar a produtividade do trabalho através do controle da produção.

Este controle significa, por um lado, divisão e especialização das tarefas e, por outro, disciplina e regularidade. Com isto se poderia maximizar a produção, através

O que é cidade 83

do aumento do número de horas, velocidade e ritmo do trabalho e simultaneamente centralizar o controle na distribuição dos produtos impedindo os desvios em sua comercialização.

Os avanços tecnológicos que sucederam a esta revolução manufatureira mais do que ditaram estas transformações, foram requeridos por elas. O trabalho parcelado tendia a desmembrar os antigos ofícios, reduzindo-os a funções parciais mutuamente dependentes. Isto implicava, por um lado, ser possível empregar homens sem grande aprendizado anterior, os quais poderiam inserir-se na produção apenas com um rápido adestramento na repetição de uma mesma tarefa simples; por outro lado, isto implica o controle e centralização do processo de trabalho cada vez maior na mão do empregador. Esta é a condição para que o investimento capitalista, no instrumento de produção – a máquina –, seja factível; a aplicação de novas técnicas – novas fontes de energia e desenho de ferramentas mecânicas – no processo de produção proporciona maiores lucros para o empregador, porque significa economia em horas de trabalho.

O resultado desse processo é a indústria. Em vez da manufatura, que surgiu de certa maneira contra a cidade dominada pela corporação, a indústria é um fenômeno claramente urbano. Ela exige grande número de trabalhadores ao seu redor: para tornar rentável o investimento numa caldeira que produz vapor, é preciso produzir muito, fazendo-a impulsionar várias máquinas simultaneamente, dia e noite. Por outro lado, a fumaça que sai das chaminés, das fábricas, das locomotivas e dos navios confere à produção um ritmo e uma escala novos: a redução das distâncias e seriação crescente do trabalho barateavam os produtos e com isso se constroem mercados cada vez maiores. A penetração crescente desses produtos aniquila a produção artesanal organizada em bases corporativas e substitui, pouco a pouco, a produção doméstica. Com isso, mais e mais setores da população são englobados pela produção industrial – antigos mestres, aprendizes e jornaleiros, mas, ainda, pouco a pouco também as mulheres, as crianças, os trabalhadores do campo. Liberada de fabricar seu fio, seu tecido, sua roupa, a mulher se assalaria na fábrica, manipulando teares mecânicos com gestos automáticos. Liberadas de auxiliar os mais velhos na produção artesanal, as crianças se empregam nas indústrias, para realizar tarefas que não exigem força física ou experiência.

O que é cidade 85

A indústria tem, portanto, um efeito desterritorializador: nos espaços onde penetra opera rupturas, liberando energias que passam a alimentá-la. Isto é claro se observarmos, por exemplo, o efeito das aberturas de estradas no Centro-Oeste e Norte do Brasil hoje sobre a população cabocla que ali reside. Aonde chegam os caminhões e as máquinas, as bases da economia local entram em crise, intensifica-se o abandono das atividades e rotinas habituais, a migração para as cidades se acelera. A revolução industrial, desde seus primórdios, se alimentou desses movimentos migratórios de grandes massas. Irlandeses para Londres e o Lancashire, alemães de todas as províncias germânicas para Berlim ou para o Vale do Ruhr, e depois, em movimentos ainda mais longos, europeus para a América. Assim começou a se produzir um fenômeno jamais vivido pelas cidades – transformadas em polos de atração para massas de imigrantes de regiões e países os mais variados, as cidades passaram a ser sinônimo de heterogeneidade cultural e étnica. A cidade industrial passa a ter uma característica que era até então peculiar aos portos – a de se constituir, sobretudo por uma população estrangeira, quando muito, de passagem. Nova York deve ser o exemplo mais extremo disto (ali estão populações oriundas de absolutamente *todas* as regiões do planeta); mas não há cidade industrial hoje que não seja marcada pela heterogeneidade. É famoso o adágio que se ouve em São Paulo: ali existem mais mineiros e nordestinos do que em várias grandes cidades de Minas ou do Nordeste. Assim como há bairros inteiros de gaúchos nas novas cidades da Amazônia, nas grandes cidades da Europa a maior parte dos trabalhadores na indústria é imigrante – portugueses, espanhóis, turcos, paquistaneses, africanos.

Esta heterogeneidade uma variável bastante importante na definição relação cidadão/cidade. Em primeiro lugar, se na cidade dividida em classes e grupos sociais não é mais possível se falar em comunidade dos cidadãos, na cidade de estrangeiros a fragmentação é um dado saída. Por outro lado, a própria divisão social é atravessada pela divisão étnico-cultural, de tal forma a étnico/cultural corresponde uma posição social. Este fenômeno é particularmente visível e politicamente importante nas cidades industriais dos Estados Unidos. Nelas, desde o século XIX se constituíram *ghettos* organizados e hierarquizados simultaneamente por linhas e linhas de classe. Assim,

O que é cidade 87

por exemplo, em Nova York do início do século, o proletariado urbano era constituído por italianos e eslavos, católicos e judeus, enquanto os patrões e banqueiros eram WASPs (brancos/anglo-saxões/protestantes). Esta foi uma situação específica dos EUA. Na França de hoje são árabes os trabalhadores manuais, portugueses os especializados, e franceses os capitães indústrias, técnicos e governantes.

Nas cidades industriais brasileiras, esta questão também se coloca desde o início. Em São Paulo ou Rio de Janeiro, cidades em que se implantou a grande indústria a ritmo de ferrovia, imigrantes, sobretudo italianos, espanhóis e portugueses chegaram da Europa sem terra ou propriedades, sem dinheiro e, a maior parte, sem profissão. Aqui encontraram negros e mulatos, libertos da escravidão. Da justaposição e às vezes mistura – destes dois grupos constitui-se o território popular na cidade industrial brasileira da virada do século. Aqui, como nas cidades europeias que se industrializavam, este território era constituído de proletários e autônomos, operários na indústria e trabalhadores ocasionais e "viradores". Para eles a cidade oferecia a exploração do trabalho e a precariedade das condições de habitação. Nos romances de Zola, Victor Hugo ou Dickens, a imagem da cidade industrial é marcada, além da fumaça preta das chaminés que escurece as ruas, pelos buracos que servem como habitação para famílias inteiras, pelas ruas onde escorre o esgoto a céu aberto e onde se acumula o lixo.

Como vimos quando falamos da segregação urbana, a cidade capitalista ao mesmo tempo gera e rejeita este território popular precário; a indústria é voraz em sua fome de força de trabalho a baixo custo e a cidade grande é um enorme mercado de mão de obra para ela. Mas a heterogeneidade e segregação da cidade fazem do território popular uma região explosiva: a história da cidade industrial é marcada pela violência.

A violência está antes de mais nada na espoliação urbana – na existência de um ambiente urbano que, ao invés de repor as energias gastas no trabalho, rouba-as com violência. Está também na criminalidade, expressão clara da cidade dividida; na tensão permanente em que vivemos na cidade – tudo isto faz da grande cidade industrial um barril de pólvora, pronto para explodir de tempos em tempos. Por essa razão, a história da cidade industrial é marcada também pela agitação das multidões:

O que é cidade 89

saques, quebra-quebras, passeatas, barricadas. A Comuna de Paris ou Maio de 68 na França, a Revolta da Vacina ou os saques a supermercados no Brasil são momentos de explosão, num cotidiano de violência permanente. Esta é, juntamente com a concentração e extensão sem precedentes da urbanização e com a diversidade e divisão da cidade, característica marcante da cidade industrial. A violência urbana (dos crimes e mortes, dos acidentes de carro, da destruição da natureza, da precariedade da habitação, das explosões de revolta) é a expressão viva do caráter contraditório da cidade industrial – ela é, ao mesmo tempo, potência de criação e destruição, catalisadora de energia e máquina de morte. Já nos autores do século XIX que descreveram a cidade industrial europeia, esta aparece como uma poderosa e fascinante máquina que se alimenta da energia da natureza e de muitos homens, mulheres e crianças e os leva à exaustão e pobreza.

A indústria colocou para a cidade questões novas – ela é ao mesmo tempo seu espetáculo e seu inferno. É sob seu desígnio que se gera a diversidade – de produtos, de populações – que faz a cidade industrial um universo estimulante vibrante; que faz com que se amplie ao a capacidade humana de inventar. Mas, se a possibilidade de superação dos constrangimentos natureza na cidade industrial não tem mais limite, não tem mais limite também a capacidade de destruição e violência.

Se os escritores do século XIX se assustaram com Manchester, imagine o que não poderiam escrever Cubatão e Chernobyl, ou sobre essas imensas conurbações-junções de cidades que se tomam megacidades!? Hoje é cada vez mais evidente a destruição do ambiente-natureza e à tendência à artificialização completa do território. As medidas de tempo têm a ver com os ritmos da natureza: a eletricidade elimina a diferença entre o dia e a noite; a climatização do ambiente supera as estações do ano; há relógios digitais em todas as esquinas.

Por outro lado, nas grandes metrópoles informatizadas e ligadas às comunicações por satélite, elimina-se também a noção de espaço, distância. Pode-se controlar a e distribuição de longe, pode-se estar presente estando a milhares de quilômetros distância. Imagem no vídeo, voz no telefone, mensagem no computador.

Alguns estudiosos da cidade falam de uma era pós-industrial, de uma cidade pós-industrial onde tempo e espaço são redefinidos. Nela não existe mais a necessidade de concentração, uma vez que sob o paradigma eletrônico-nuclear os terminais e bancos de dados podem estar dispersos pelo território. Por isso a cidade pode, pela primeira vez em sua história, não ser mais ímã, rompendo seu impulso originário. Se isso corresponde a um mundo transformado inteiramente em cidade, a um mundo sem cidades ou ao mundo depois das cidades, só o futuro poderá dizer.

INDICAÇÕES PARA LEITURA IV

Como vimos, em nosso passeio pela cidade, existem várias formas da lê-la, por isso, economistas, sociólogos, antropólogos, filósofos e poetas têm diferentes razões para escrever sobre ela. O leitor apaixonado pela cidade tem, portanto, todos estes caminhos para se aventurar. Neste final do livro, ousaria sugerir apenas alguns pontos de partida, escritos em diferentes áreas, que têm por objeto a cidade.

Para uma vista geral da história das cidades, o livro de Lewis Mumford, *A cidade na História* (Ed. Itatiaia, 1965), é uma fonte de consulta. Nele, o autor percorra a cidade – do zigurate à metrópole – descrevendo-a com ilustrações e referências. Uma visão um pouco mais focalizada no desenho e arquitetura urbanos propriamente ditos está na obra de Leonardo Benevolo, *História da cidade* (Perspectiva, 1983).

Para uma análise do desenvolvimento e transformação das cidades do ponto da vista econômico, o livro de Paul Singer, *Economia política de urbanização* (Brasiliense) é uma boa iniciação. Nele, o autor examina a cidade enquanto local de produção a troca, localizando os diferentes grupos sociais envolvidos nesse processo. Além de apontar para a formação da cidade capitalista de uma maneira geral, examina especificamente as cidades brasileiras, analisando sua composição e dinâmica econômicas. Também a obra de Milton Santos, *Espaço e sociedade* (Ed. Vozes, 1979), nos ajuda a compreender os circuitos econômicos de nossa cidade, examinando sua estrutura do ponto da vista da organização do território.

O livro de Lucio Kowarick, *A espoliação urbana* (Ed. Paz e Terra, 1980), nos dá um quadro da situação das grandes cidades brasileiras na atualidade, do ponto de vista social. Sua leitura é um bom início na trilha da sociologia urbana marxista, que tem a cidade brasileira contemporânea como objeto.

De uma maneira geral, é da cidade grande que trata a maior parte da literatura sobre o tema. Desde os escritos produzidos no século XIX –quando ocorra a industrialização e explosão urbana na Europa –, a cidade aparece como palco de lutas, fonte de ideias e inovação, paixão, violência e medo. Isto está presente nos poemas de Baudelaire, nos contos da Edgar Allan Poe, nos grandes romances de Charles Dickens e Victor Hugo, nos ensaios de Georg Simmol, Friedrich Engels e Karl Marx. Trata-se não só da emergência da cidade como tema, mas também de uma nova percepção do urbano, que se anuncia com a industrialização. Maria Stella Bresciani, em *Londres e Paris no século XIX* (Coleção Tudo é História, Brasiliense), apresenta esta nova percepção, interpretando os escritos de alguns dos autores mencionados.

Nos Estados Unidos, sobretudo a partir dos anos 1930, a chamada Escola de Chicago (Louis Wirth, Robert Park, Redfield e posteriormente Herbert Gans) produziu um sem-número de estudos sobre a cidade norte-americana onde o assunto principal era a diversidade cultural presente na grande cidade feita de grupos imigrantes. A coletânea organizada por Gianfranco Bettin, *Los sociólogos de la ciudad* (Ed. Gustavo Gili, Barcelona), contém todos estes clássicos de sociologia urbana – de Simmel e Marx no século XIX até Manuel Castells e a sociologia urbana francesa contemporânea, passando pela Escola da Chicago. Alguns dos artigos editados nesse livro estão traduzidos também em português na coletânea organizada por Gilberto Velho, *O fenômeno urbano* (Zahar Editores).

Para uma filosofia política do fenômeno urbano, aconselho a leitura da obra de Henri Lefebvre (há apenas um de seus livros traduzido no Brasil: *O direito à cidade*, Ed. Documentos, 1969) e de Richard Sennett (*The fall of pubic man*).

Em termos de cidade contemporânea, os escritos de Paul Virilio nos remetem à cidade pós-industrial presente e futura.

Finalmente, sugiro ao leitor que não se esqueça de pegar uma carona e percorrer cidades reais (Jack Kerouac, *On the road*) ou imaginárias (Ítalo Calvino, *As cidades invisíveis*) e, sobretudo, prestar muita atenção no seu caminho diário, desconfiando de tudo que pareça ser apenas um canário de rotina.

SOBRE A AUTORA

Nasci em São Paulo em 1956. Barra Funda e Bom Retiro deram minha primeira visão do que é cidade, na infância e adolescência paulistanas. Em 1974 entrei na FAU-USP, estudante de arquitetura numa universidade que desejava a mudança: da escola, do regime político, da cidade.

Espaço e política passaram então a ser minha paixão; persegui-os no curso de Filosofia, estudando Sociologia Urbana, na pós-graduação da FAU-USP, na atividade de professora em cursos de arquitetura pesquisando temas urbanos, viajando pelas cidades. Acabei indo estudar História Urbana em Nova York, em um doutoramento no Departamento de História da New York University, que concluí em 1995.

Fui diretora de planejamento da Secretaria de Planejamento do município de São Paulo e coordenadora do Plano Diretor da cidade, durante a gestão de Luíza Erundina. Desde então, tenho combinado meu trabalho como urbanista (realizando consultorias em política urbana e habitacional para várias cidades do Brasil e América Latina e como Coordenadora de Assessorias do Pólis – Instituto de Estudos, Formação e Assessoria em Políticas Sociais) com a escrita, ensino e pesquisa. Atualmente sou coordenadora –do curso de pós-graduação em Urbanismo da FAU-PUC Campinas. Sou autora de vários artigos e do livro *A cidade e a lei*.